Driebanden biljart: Halwe tafel sirkelpatrone

Van professionele kampioenskaptoernooie

Toets jouself teen professionele biljartspelers

Allan P. Sand
PBIA Gesertifiseerde biljart-instrukteur

ISBN 978-1-62505-244-5
PRINT 7x10

ISBN 978-1-62505-387-9
PRINT 8.5x11

First edition

Copyright © 2019 Allan P. Sand

All rights reserved under International and Pan-American Copyright Conventions.

Published by Billiard Gods Productions.
Santa Clara, CA 95051
U.S.A.

For the latest information about books and videos, go to: http://www.billiardgods.com

Acknowledgements

Wei Chao created the software that was used to create these graphics.

Inhoudsopgawe

Inleiding **1**
    Oor die tabel uitlegte 1
    Tabel Opstel Instruksies 2
    Doel van die uitlegte 2
A: Basiese halftafelsirkels **3**
    A: Groep 1 3
    A: Groep 2 8
    A: Groep 3 13
    A: Groep 4 18
    A: Groep 5 23
    A: Groep 6 28
    A: Groep 7 33
    A: Groep 8 38
B: Uit 'n klein hoekie **43**
    B: Groep 1 43
    B: Groep 2 48
    B: Groep 3 53
C: In 'n klein hoekie **58**
    C: Groep 1 58
    C: Groep 2 63
D: Omgekeerde patrone **68**
    D: Groep 1 68
    D: Groep 2 73
    D: Groep 3 78
    D: Groep 4 83
    D: Groep 5 88
    D: Groep 6 93
E: Verlengde Been **98**
    E: Groep 1 98
    E: Groep 2 103
F: Ekstra Uitgebreide Been **108**
    F: Groep 1 108
    F: Groep 2 113
    F: Groep 3 118

Other books by the author ...

- 3 Cushion Billiards Championship Shots (a series)
- Carom Billiards: Some Riddles & Puzzles
- Carom Billiards: MORE Riddles & Puzzles
- Why Pool Hustlers Win
- Table Map Library
- Safety Toolbox
- Cue Ball Control Cheat Sheets
- Advanced Cue Ball Control Self-Testing Program
- Drills & Exercises for Pool & Pocket Billiards
- The Art of War versus The Art of Pool
- The Psychology of Losing – Tricks, Traps & Sharks
- The Art of Team Coaching
- The Art of Personal Competition
- The Art of Politics & Campaigning
- The Art of Marketing & Promotion
- Kitchen God's Guide for Single Guys

Inleiding

Dit is een van 'n reeks Carambolebiljart boeke wat wys hoe professionele biljartspelers besluite neem, gebaseer op die tafeluitleg. Al hierdie skote is van internasionale kompetisies.

Tydens kompetisies gebruik baie van die skote 'n (CB)-pad wat bekend staan as " Rondom die Wêreldpatrone ". Basies is die (CB) pad van 'n huishoek, na 'n lang biljartbanden, kort biljartbanden ,, teenoorgestelde lang biljartbanden, en dan na die tweede OB.

Hierdie skote sit jou in die kop van die biljartspeler, begin met die balposisies (in die eerste tabel getoon). Die tweede tabel uitleg toon wat die biljartspeler besluit het om te doen.

Oor die tabel uitlegte

Elke skoot het twee tabel konfigurasies. Die eerste tafel is die balposisies voor die skoot. Die tweede tafel is hoe die balle op die tafel beweeg.

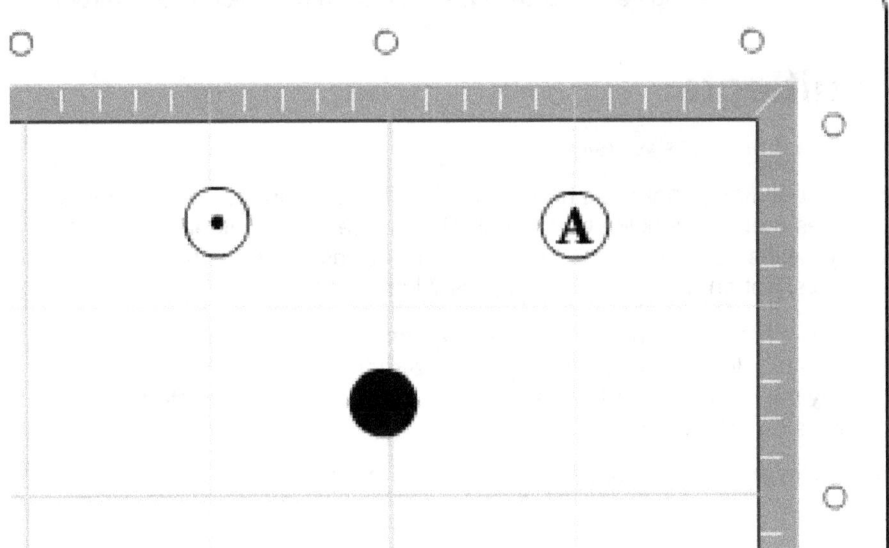

Dit is die drie balle op die tafel:

Ⓐ CB (jou biljartbal)

⊙ OB (teenstander biljartbal)

● OB (rooi biljartbal)

Elke tabel grafiese in hierdie boek is 'n swart en wit voorstelling van 'n standaard 5 x 10 carom biljart tafel. Bale word verteenwoordig met hierdie drie simbole.

Tabel Opstel Instruksies

Gebruik papierbindringe om die balposisies te merk (koop by enige kantoorvoorraadwinkel

Plaas 'n muntstuk by elke biljartbanden wat die (CB) sal raak.

Wanneer jy die skoot speel, let op waar die CB-patroon en elke spoorkontak. U mag verskeie pogings benodig aangesien u aanpassings aan die Sertifiseringsliggaam maak om die patroon behoorlik te volg.

Doel van die uitlegte

Hierdie uitlegte word vir twee doeleindes voorsien.

- Jou ontleding - By die woon kan jy oorweeg hoe om die konfigurasie op die eerste tafel te speel. Vergelyk jou idees met die werklike patroon op die tweede tafel. Dink aan jou oplossing en oorweeg opsies. Uit die tweede tabel kan jy ook analiseer hoe om die patroon te volg. Mentally speel die skoot en besluit hoe jy suksesvol kan wees.

- Oefen die tafel opstelling - Plaas die balle in posisie, volgens die eerste tabel konfigurasie. Probeer om dieselfde manier te skiet as die tweede tafelpatroon. Miskien moet jy baie pogings doen voordat jy die regte manier kry om te speel. So kan jy hierdie skote leer en speel tydens kompetisies en toernooie.

Die kombinasie van geestelike analise en praktiese oefening sal jou 'n slimmer

A: Basiese halftafelsirkels

Die (CB) kom van die eerste (OB) en in drie biljartbanden. Wanneer die (CB) uit die derde biljartbanden kom, raak dit die tweede (OB).

Ⓐ **(CB)** (jou biljartbal) – ⊙ **(OB)** (teenstander biljartbal) – ● **(OB)** (rooi bal)

A: Groep 1

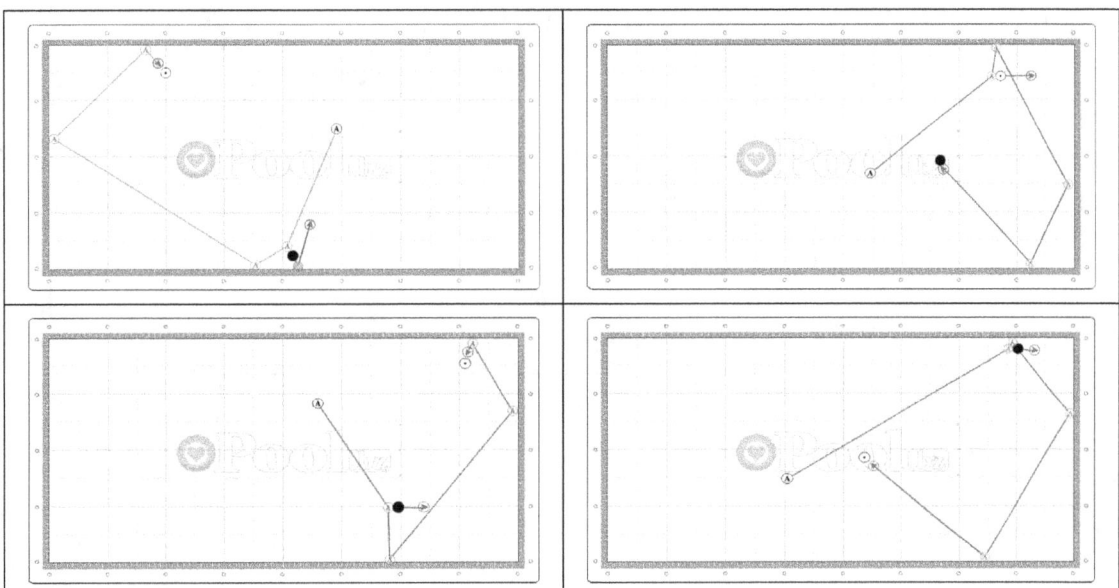

Analise:

A:1a. _____

A:1b. _____

A:1c. _____

A:1d. _____

A:1a – Opstelling

NOTAS VIR JOU IDEES:

Tabelpatroon

A:1b – Opstelling

NOTAS VIR JOU IDEES:

Tabelpatroon

A:1c – Opstelling

NOTAS VIR JOU IDEES:

Tabelpatroon

A:1d – Opstelling

NOTAS VIR JOU IDEES:

Tabelpatroon

A: Groep 2

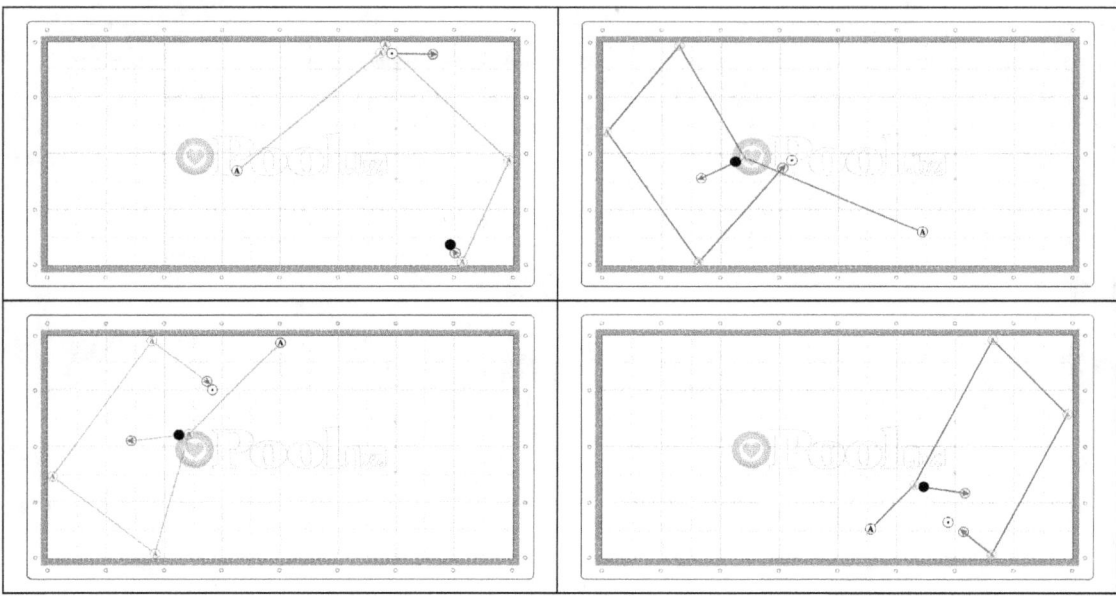

Analise:

A:2a. _____

A:2b. _____

A:2c. _____

A:2d. _____

A:2a – Opstelling

NOTAS VIR JOU IDEES:

Tabelpatroon

A:2b – Opstelling

NOTAS VIR JOU IDEES:

Tabelpatroon

A:2c – Opstelling

NOTAS VIR JOU IDEES:

Tabelpatroon

A:2d – Opstelling

NOTAS VIR JOU IDEES:

Tabelpatroon

A: Groep 3

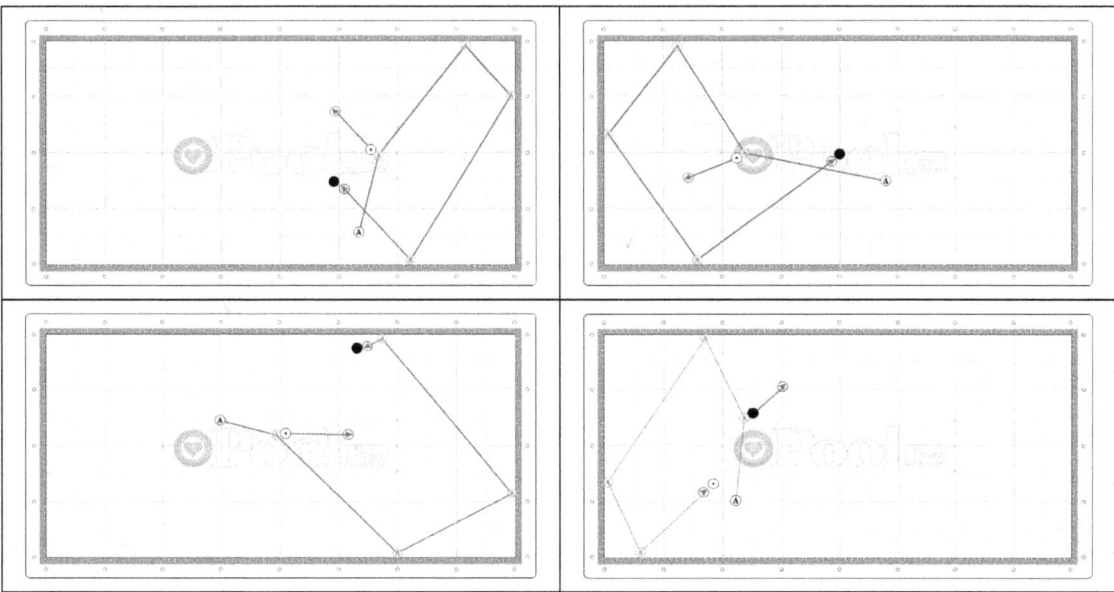

Analise:

A:3a. _____

A:3b. _____

A:3c. _____

A:3d. _____

A:3a – Opstelling

NOTAS VIR JOU IDEES:

Tabelpatroon

A:3b – Opstelling

NOTAS VIR JOU IDEES:

Tabelpatroon

A:3c – Opstelling

NOTAS VIR JOU IDEES:

Tabelpatroon

A:3d – Opstelling

NOTAS VIR JOU IDEES:

Tabelpatroon

A: Groep 4

Analise:

A:4a. _____

A:4b. _____

A:4c. _____

A:4d. _____

A:4a – Opstelling

NOTAS VIR JOU IDEES:

Tabelpatroon

A:4b – Opstelling

NOTAS VIR JOU IDEES:

Tabelpatroon

A:4c – Opstelling

NOTAS VIR JOU IDEES:

Tabelpatroon

A:4d – Opstelling

NOTAS VIR JOU IDEES:

Tabelpatroon

A: Groep 5

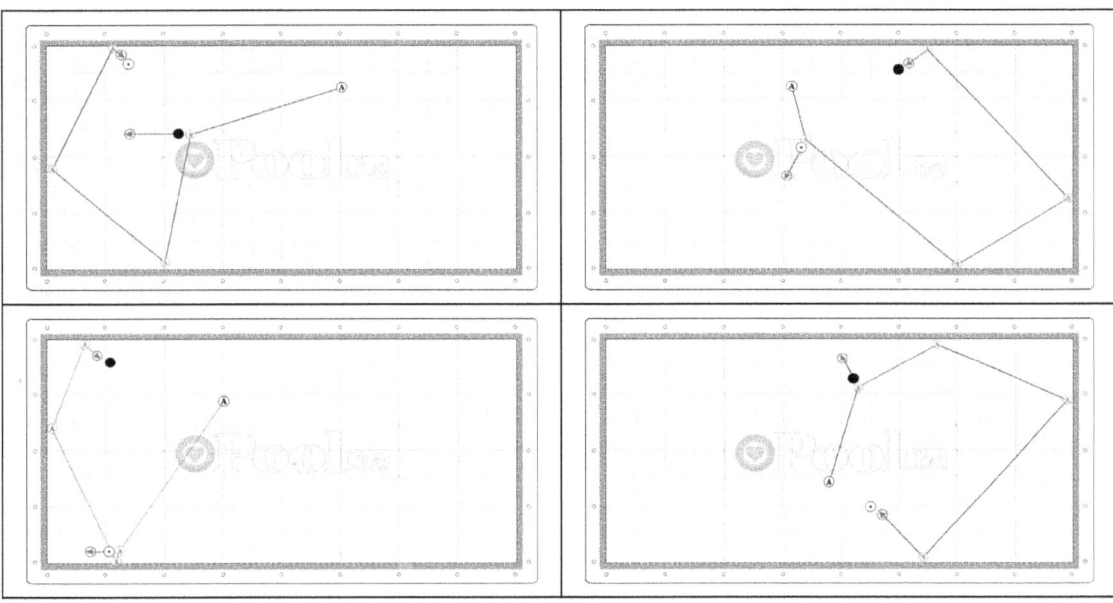

Analise:

A:5a. _____

A:5b. _____

A:5c. _____

A:5d. _____

A:5a – Opstelling

NOTAS VIR JOU IDEES:

Tabelpatroon

A:5b – Opstelling

NOTAS VIR JOU IDEES:

Tabelpatroon

A:5c – Opstelling

NOTAS VIR JOU IDEES:

Tabelpatroon

A:5d – Opstelling

NOTAS VIR JOU IDEES:

Tabelpatroon

A: Groep 6

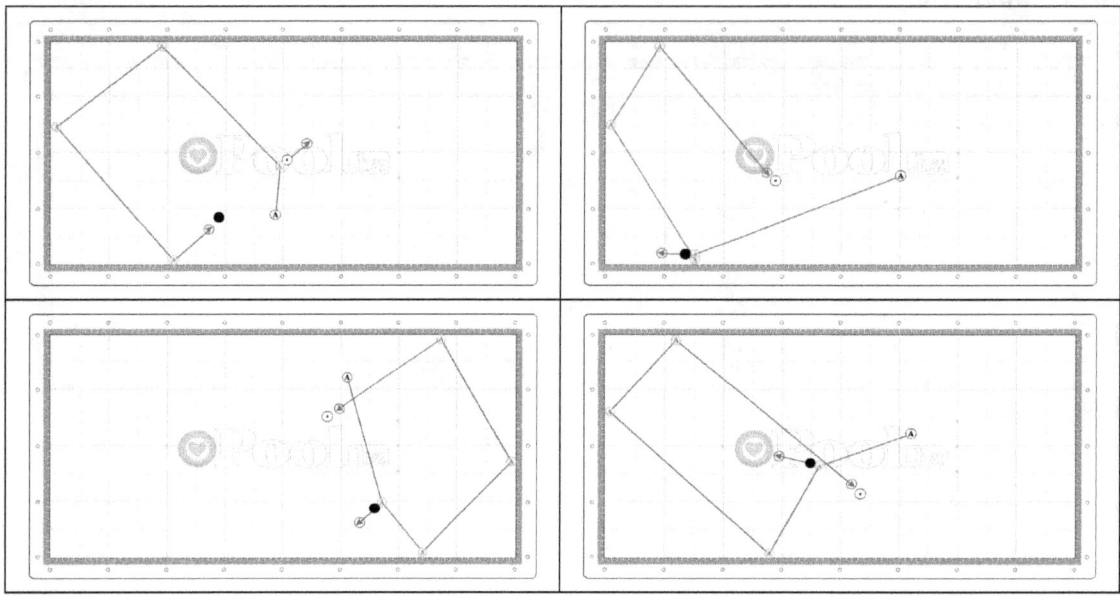

Analise:

A:6a. _____

A:6b. _____

A:6c. _____

A:6d. _____

A:6a – Opstelling

NOTAS VIR JOU IDEES:

Tabelpatroon

A:6b – Opstelling

NOTAS VIR JOU IDEES:

Tabelpatroon

A:6c – Opstelling

NOTAS VIR JOU IDEES:

Tabelpatroon

A:6d – Opstelling

NOTAS VIR JOU IDEES:

Tabelpatroon

A: Groep 7

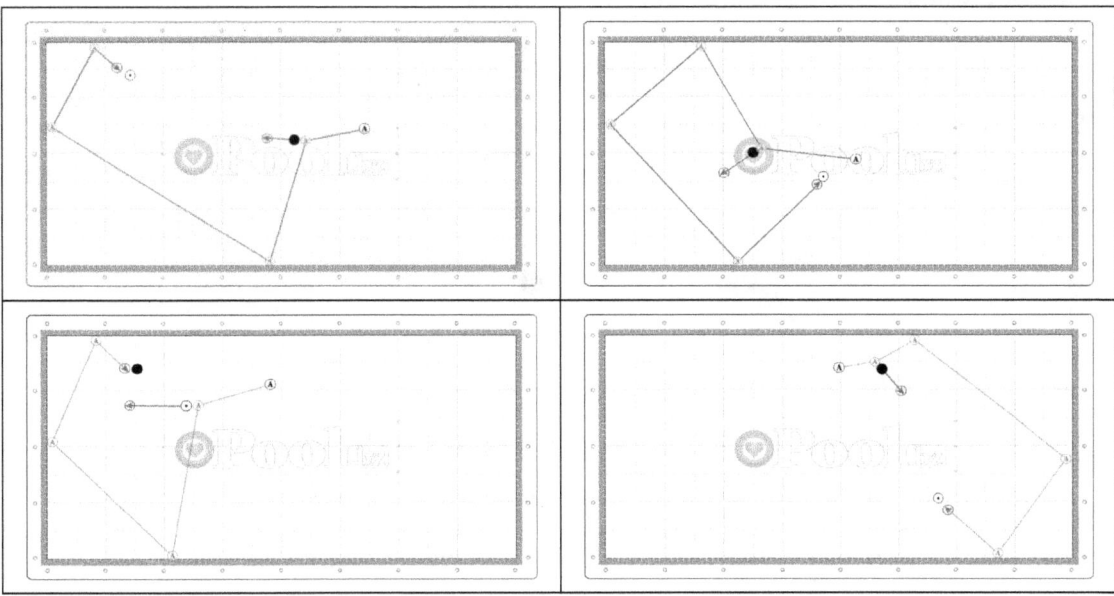

Analise:

A:7a. _____

A:7b. _____

A:7c. _____

A:7d. _____

A:7a – Opstelling

NOTAS VIR JOU IDEES:

Tabelpatroon

A:7b – Opstelling

NOTAS VIR JOU IDEES:

Tabelpatroon

A:7c – Opstelling

NOTAS VIR JOU IDEES:

Tabelpatroon

A:7d – Opstelling

NOTAS VIR JOU IDEES:

Tabelpatroon

A: Groep 8

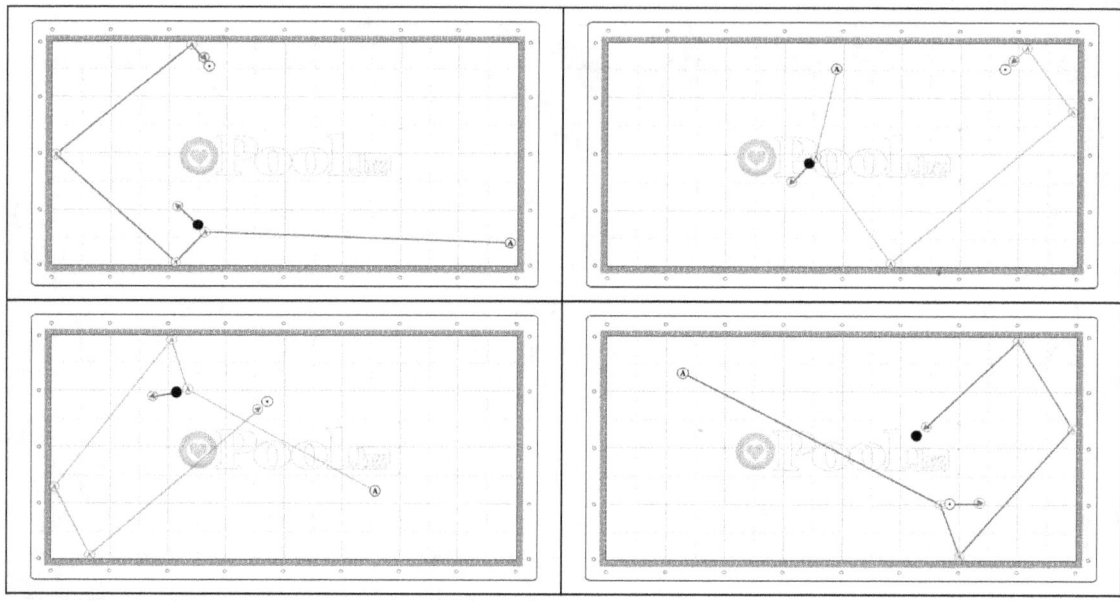

Analise:

A:8a. _____

A:8b. _____

A:8c. _____

A:8d. _____

A:8a – Opstelling

NOTAS VIR JOU IDEES:

Tabelpatroon

A:8b – Opstelling

NOTAS VIR JOU IDEES:

Tabelpatroon

A:8c – Opstelling

NOTAS VIR JOU IDEES:

Tabelpatroon

A:8d – Opstelling

NOTAS VIR JOU IDEES:

Tabelpatroon

B: Uit 'n klein hoekie

Die (CB) kom van die eerste (OB) in die lang biljartbanden. Dit kom van die lang biljartbanden en in die hoek vir die volgende twee biljartbanden. Wanneer die (CB) uit die hoek kom, raak dit die tweede (OB).

(A) **(CB)** (jou biljartbal) – (•) **(OB)** (teenstander biljartbal) – ● **(OB)** (rooi bal)

B: Groep 1

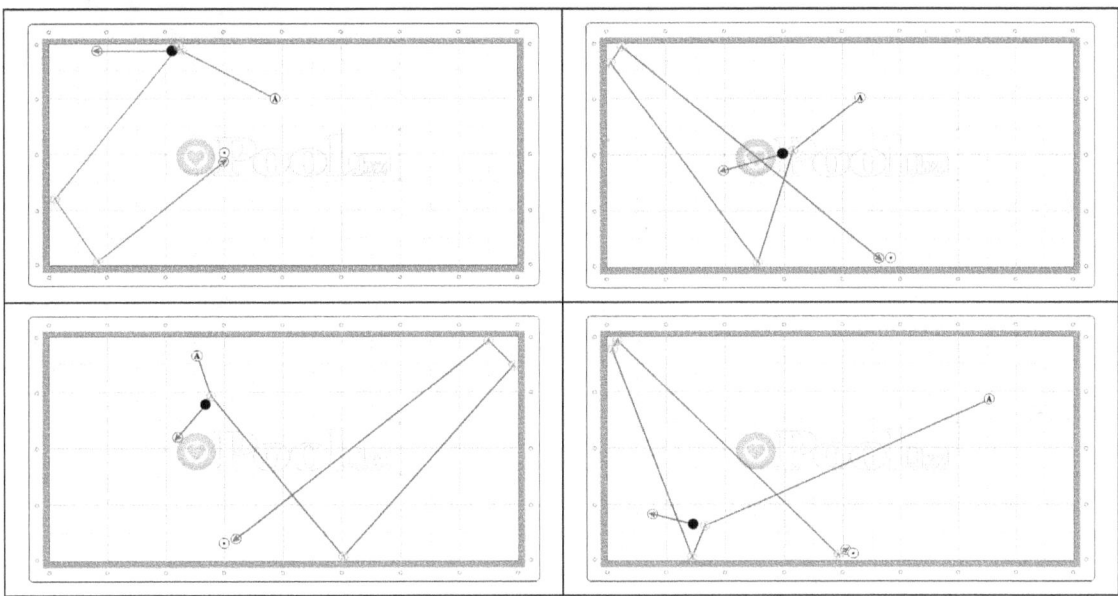

Analise:

B:1a. _____

B:1b. _____

B:1c. _____

B:1d. _____

B:1a – Opstelling

NOTAS VIR JOU IDEES:

Tabelpatroon

B:1b – Opstelling

NOTAS VIR JOU IDEES:

Tabelpatroon

B:1c – Opstelling

NOTAS VIR JOU IDEES:

Tabelpatroon

B:1d – Opstelling

NOTAS VIR JOU IDEES:

Tabelpatroon

B: Groep 2

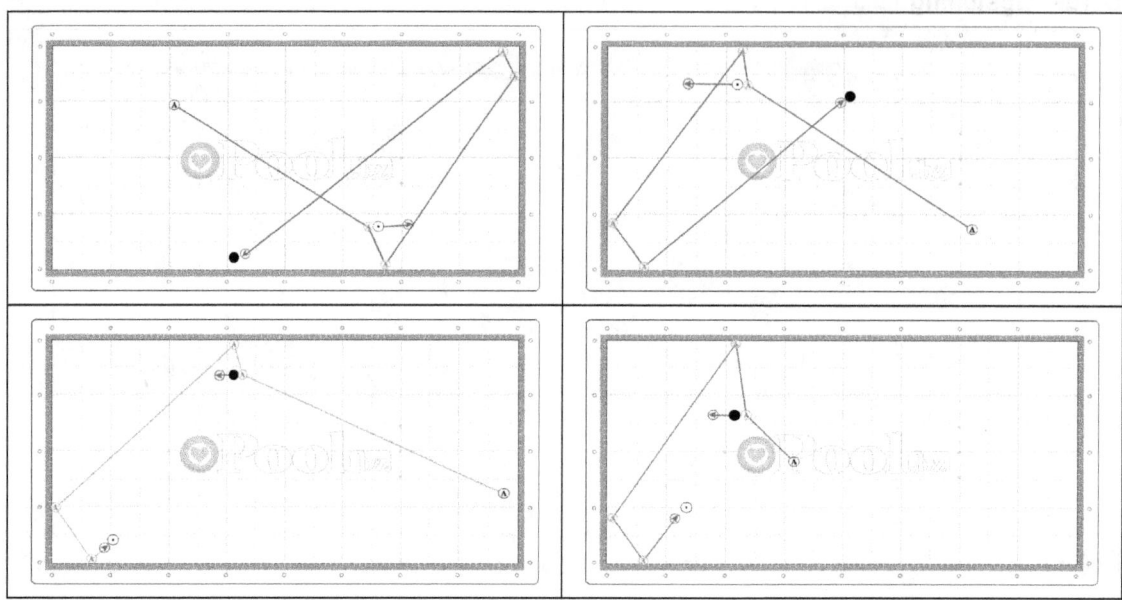

Analise:

B:2a. _____

B:2b. _____

B:2c. _____

B:2d. _____

B:2a – Opstelling

NOTAS VIR JOU IDEES:

Tabelpatroon

B:2b – Opstelling

NOTAS VIR JOU IDEES:

Tabelpatroon

B:2c – Opstelling

NOTAS VIR JOU IDEES:

Tabelpatroon

B:2d – Opstelling

NOTAS VIR JOU IDEES:

Tabelpatroon

B: Groep 3

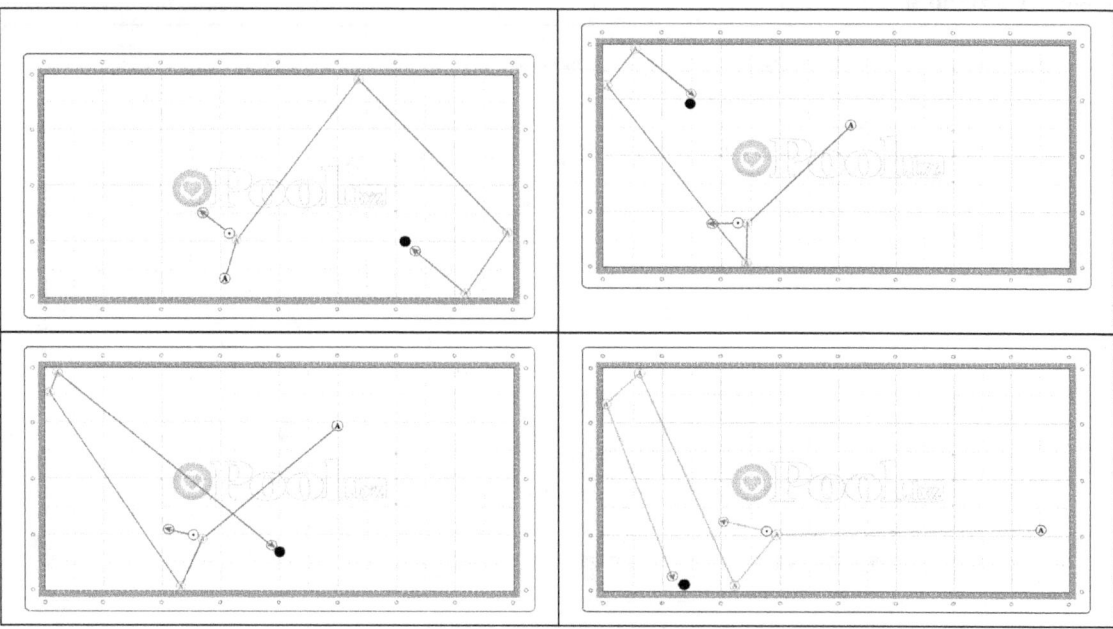

Analise:

B:3a. _____

B:3b. _____

B:3c. _____

B:3d. _____

B:3a – Opstelling

NOTAS VIR JOU IDEES:

Tabelpatroon

B:3b – Opstelling

NOTAS VIR JOU IDEES:

Tabelpatroon

B:3c – Opstelling

NOTAS VIR JOU IDEES:

Tabelpatroon

B:3d – Opstelling

NOTAS VIR JOU IDEES:

Tabelpatroon

C: In 'n klein hoekie

Die (CB) kom van die eerste (OB) in die hoek vir die eerste twee biljartbanden. Wanneer die (CB) uit die hoek kom, gaan dit na die teenoorgestelde lang biljartbanden. Die (CB) kom dan uit die lang biljartbanden en in die tweede (OB).

Ⓐ **(CB)** (jou biljartbal) – ⊙ **(OB)** (teenstander biljartbal) – ● **(OB)** (rooi bal)

C: Groep 1

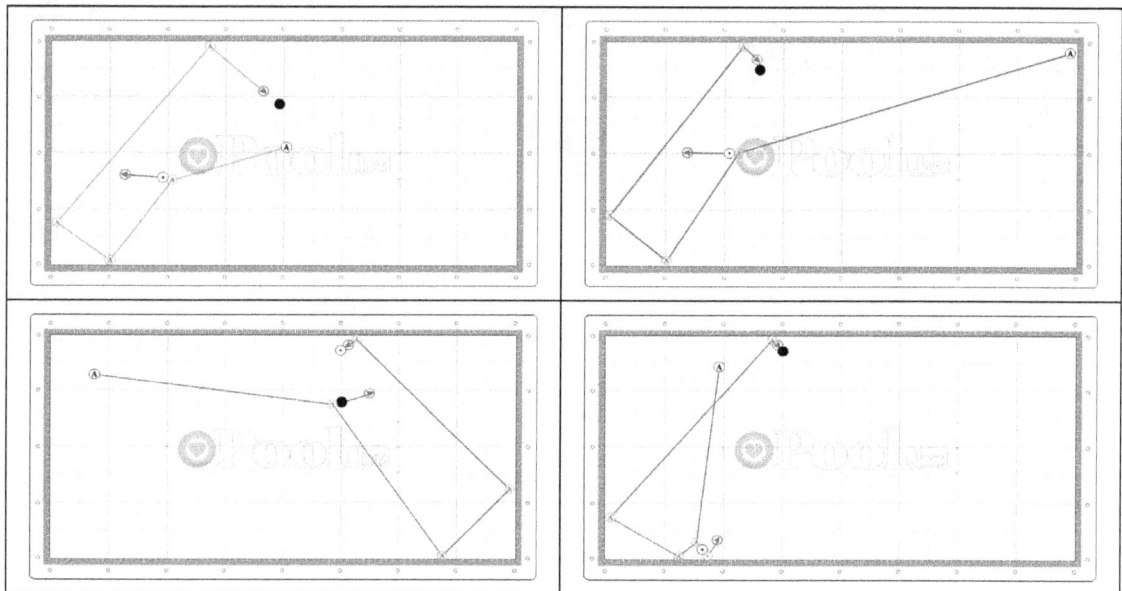

Analise:

C:1a. _____

C:1b. _____

C:1c. _____

C:1d. _____

C:1a – Opstelling

NOTAS VIR JOU IDEES:

Tabelpatroon

C:1b – Opstelling

NOTAS VIR JOU IDEES:

Tabelpatroon

C:1c – Opstelling

NOTAS VIR JOU IDEES:

Tabelpatroon

C:1d – Opstelling

NOTAS VIR JOU IDEES:

Tabelpatroon

C: Groep 2

Analise:

C:2a. _____

C:2b. _____

C:2c. _____

C:2d. _____

C:2a – Opstelling

NOTAS VIR JOU IDEES:

Tabelpatroon

C:2b – Opstelling

NOTAS VIR JOU IDEES:

Tabelpatroon

C:2c – Opstelling

NOTAS VIR JOU IDEES:

Tabelpatroon

C:2d – Opstelling

NOTAS VIR JOU IDEES:

Tabelpatroon

D: Omgekeerde patrone

Die (CB) kom van die eerste (OB) na die eerste biljartbanden, met syspin en omgekeerde draai. Dit dwing die (CB) in 'n agteruit patroon.

Ⓐ **(CB)** (jou biljartbal) – ⊙ **(OB)** (teenstander biljartbal) – ● **(OB)** (rooi bal)

D: Groep 1

Analise:

D:1a. _____

D:1b. _____

D:1c. _____

D:1d. _____

D:1a – Opstelling

NOTAS VIR JOU IDEES:

Tabelpatroon

D:1b – Opstelling

NOTAS VIR JOU IDEES:

Tabelpatroon

D:1c – Opstelling

NOTAS VIR JOU IDEES:

Tabelpatroon

D:1d – Opstelling

NOTAS VIR JOU IDEES:

Tabelpatroon

D: Groep 2

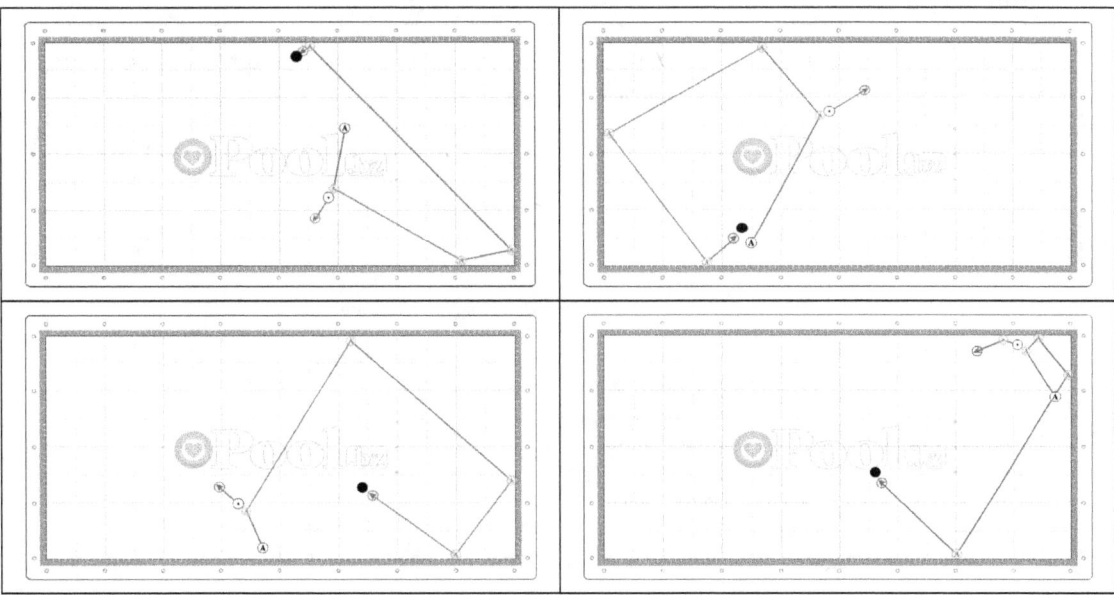

Analise:

D:2a. _____

D:2b. _____

D:2c. _____

D:2d. _____

D:2a – Opstelling

NOTAS VIR JOU IDEES:

Tabelpatroon

D:2b – Opstelling

NOTAS VIR JOU IDEES:

Tabelpatroon

D:2c – Opstelling

NOTAS VIR JOU IDEES:

Tabelpatroon

D:2d – Opstelling

NOTAS VIR JOU IDEES:

Tabelpatroon

D: Groep 3

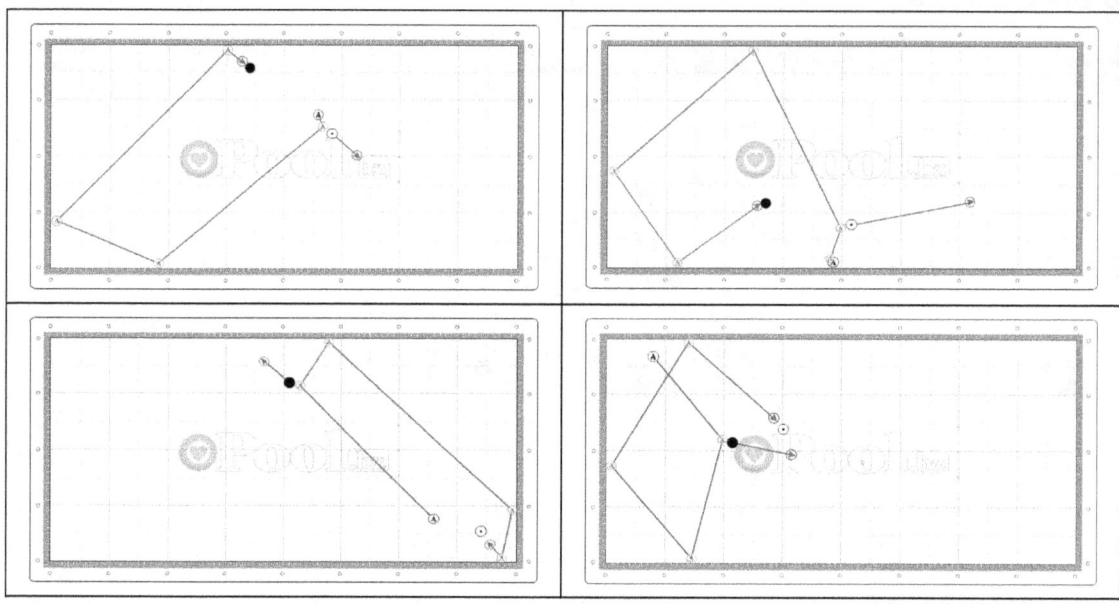

Analise:

D:3a. _____

D:3b. _____

D:3c. _____

D:3d. _____

D:3a – Opstelling

NOTAS VIR JOU IDEES:

Tabelpatroon

D:3b – Opstelling

NOTAS VIR JOU IDEES:

Tabelpatroon

D:3c – Opstelling

NOTAS VIR JOU IDEES:

Tabelpatroon

D:3d – Opstelling

NOTAS VIR JOU IDEES:

Tabelpatroon

D: Groep 4

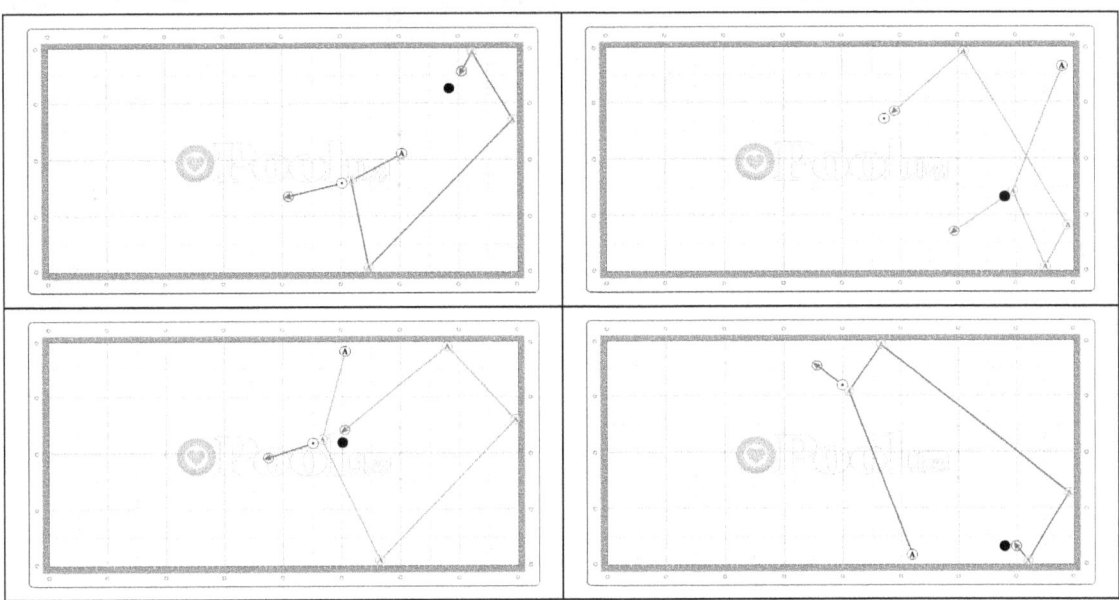

Analise:

D:4a. _____

D:4b. _____

D:4c. _____

D:4d. _____

D:4a – Opstelling

NOTAS VIR JOU IDEES:

Tabelpatroon

D:4b – Opstelling

NOTAS VIR JOU IDEES:

Tabelpatroon

D:4c – Opstelling

NOTAS VIR JOU IDEES:

Tabelpatroon

D:4d – Opstelling

NOTAS VIR JOU IDEES:

Tabelpatroon

D: Groep 5

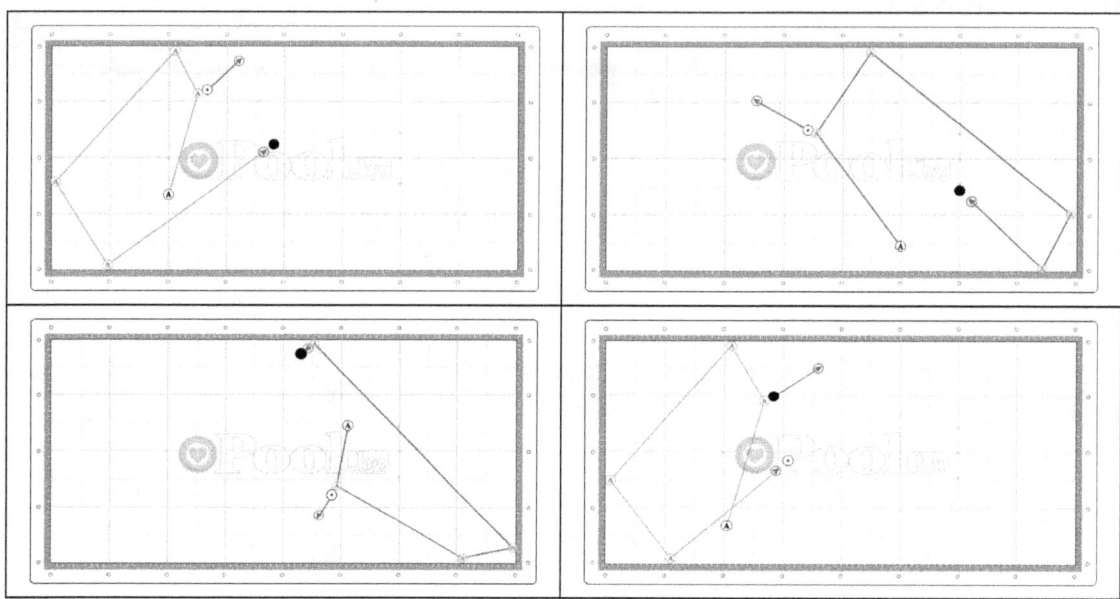

Analise:

D:5a. _____

D:5b. _____

D:5c. _____

D:5d. _____

D:5a – Opstelling

NOTAS VIR JOU IDEES:

Tabelpatroon

D:5b – Opstelling

NOTAS VIR JOU IDEES:

Tabelpatroon

D:5c – Opstelling

NOTAS VIR JOU IDEES:

Tabelpatroon

D:5d – Opstelling

NOTAS VIR JOU IDEES:

Tabelpatroon

D: Groep 6

Analise:

D:6a. _____

D:6b. _____

D:6c. _____

D:6d. _____

D:6a – Opstelling

NOTAS VIR JOU IDEES:

Tabelpatroon

D:6b – Opstelling

NOTAS VIR JOU IDEES:

Tabelpatroon

D:6c – Opstelling

NOTAS VIR JOU IDEES:

Tabelpatroon

D:6d – Opstelling

NOTAS VIR JOU IDEES:

Tabelpatroon

E: Verlengde Been

Die (CB) kom van die eerste (OB) en volg die halfsirkelpatroon. Die derde deel van die patroon is buite die halftafel.

Ⓐ **(CB)** (jou biljartbal) – ⊙ **(OB)** (teenstander biljartbal) – ● **(OB)** (rooi bal)

E: Groep 1

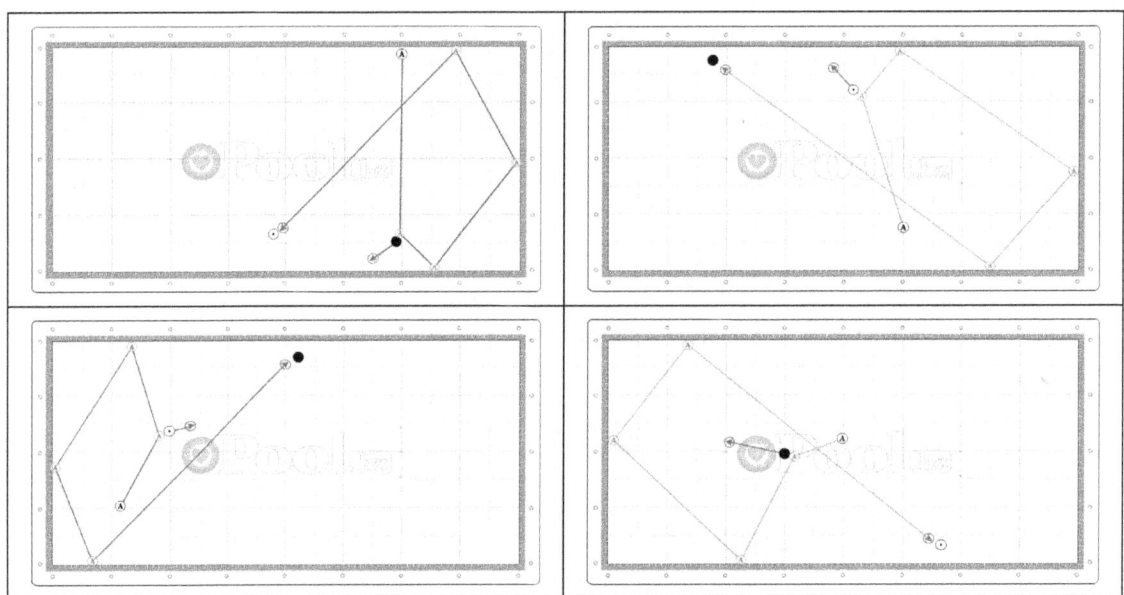

Analise:

E:1a. _____

E:1b. _____

E:1c. _____

E:1d. _____

E:1a – Opstelling

NOTAS VIR JOU IDEES:

Tabelpatroon

E:1b – Opstelling

NOTAS VIR JOU IDEES:

Tabelpatroon

E:1c – Opstelling

NOTAS VIR JOU IDEES:

Tabelpatroon

E:1d – Opstelling

NOTAS VIR JOU IDEES:

Tabelpatroon

Driebanden biljart: Halwe tafel sirkelpatrone

E: Groep 2

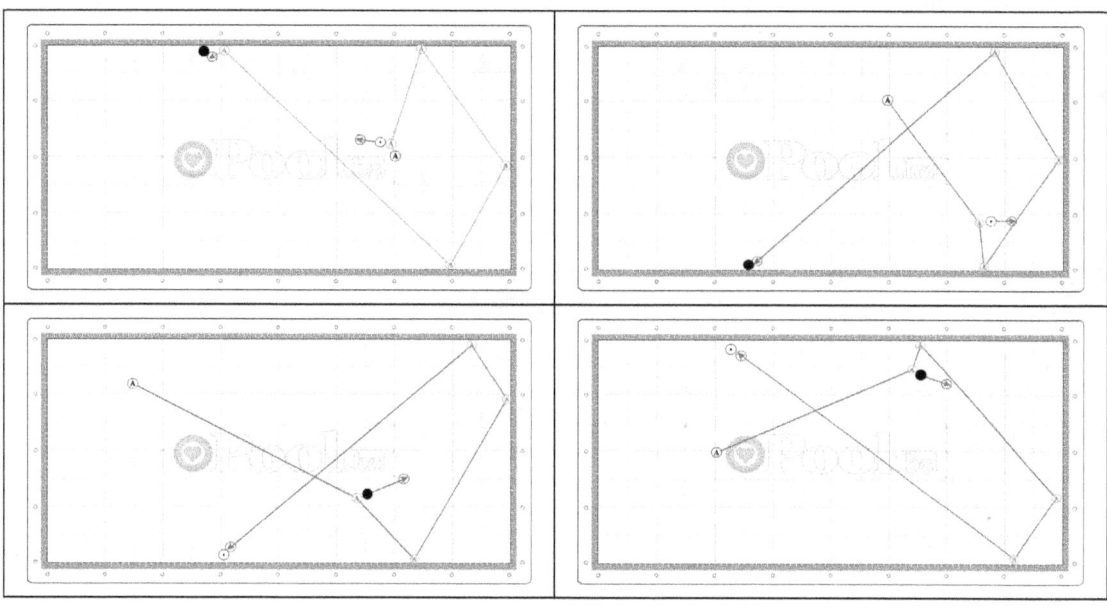

Analise:

E:2a. _____

E:2b. _____

E:2c. _____

E:2d. _____

E:2a – Opstelling

NOTAS VIR JOU IDEES:

Tabelpatroon

E:2b – Opstelling

NOTAS VIR JOU IDEES:

Tabelpatroon

E:2c – Opstelling

NOTAS VIR JOU IDEES:

Tabelpatroon

E:2d – Opstelling

NOTAS VIR JOU IDEES:

Tabelpatroon

F: Ekstra Uitgebreide Been

Die (CB) kom van die eerste (OB) af en volg die gewone halfsirkelpatroon. Die (CB) reis na die ander helfte van die tafel. Hierdie voorbeelde wys die (CB) in die lang biljartbanden en dan na die ander kant van die tafel vir die tweede (OB).

Ⓐ **(CB)** (jou biljartbal) – ◉ **(OB)** (teenstander biljartbal) – ● **(OB)** (rooi bal)

F: Groep 1

Analise:

F:1a. _____

F:1b. _____

F:1c. _____

F:1d. _____

F:1a – Opstelling

NOTAS VIR JOU IDEES:

Tabelpatroon

F:1b – Opstelling

NOTAS VIR JOU IDEES:

Tabelpatroon

F:1c – Opstelling

NOTAS VIR JOU IDEES:

Tabelpatroon

F:1d – Opstelling

NOTAS VIR JOU IDEES:

Tabelpatroon

F: Groep 2

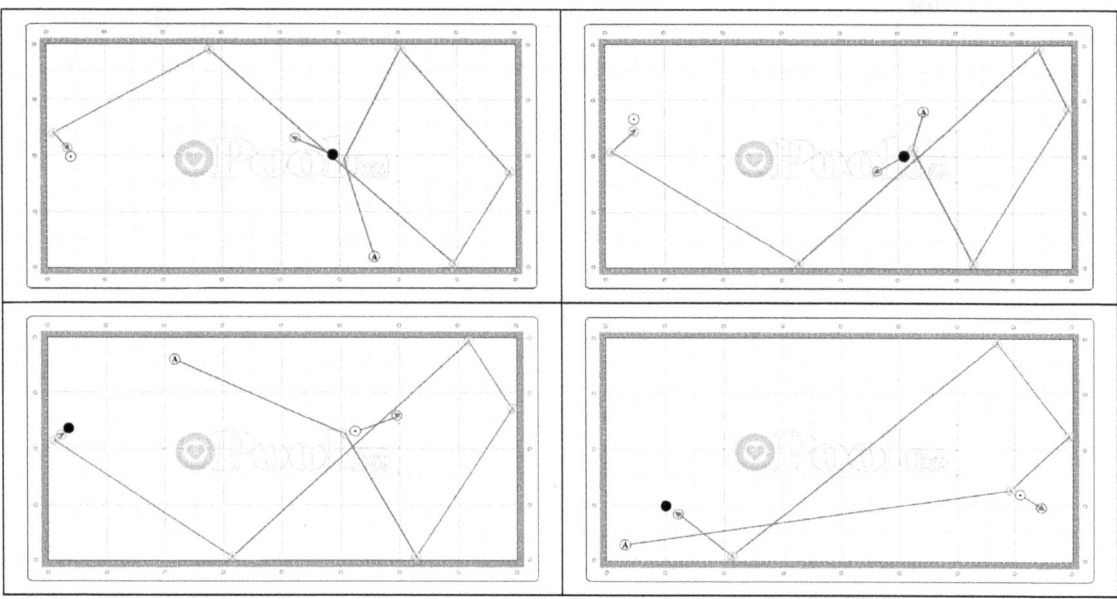

Analise:

F:2a. _____

F:2b. _____

F:2c. _____

F:2d. _____

F:2a – Opstelling

NOTAS VIR JOU IDEES:

Tabelpatroon

F:2b – Opstelling

NOTAS VIR JOU IDEES:

Tabelpatroon

F:2c – Opstelling

NOTAS VIR JOU IDEES:

Tabelpatroon

F:2d – Opstelling

NOTAS VIR JOU IDEES:

Tabelpatroon

F: Groep 3

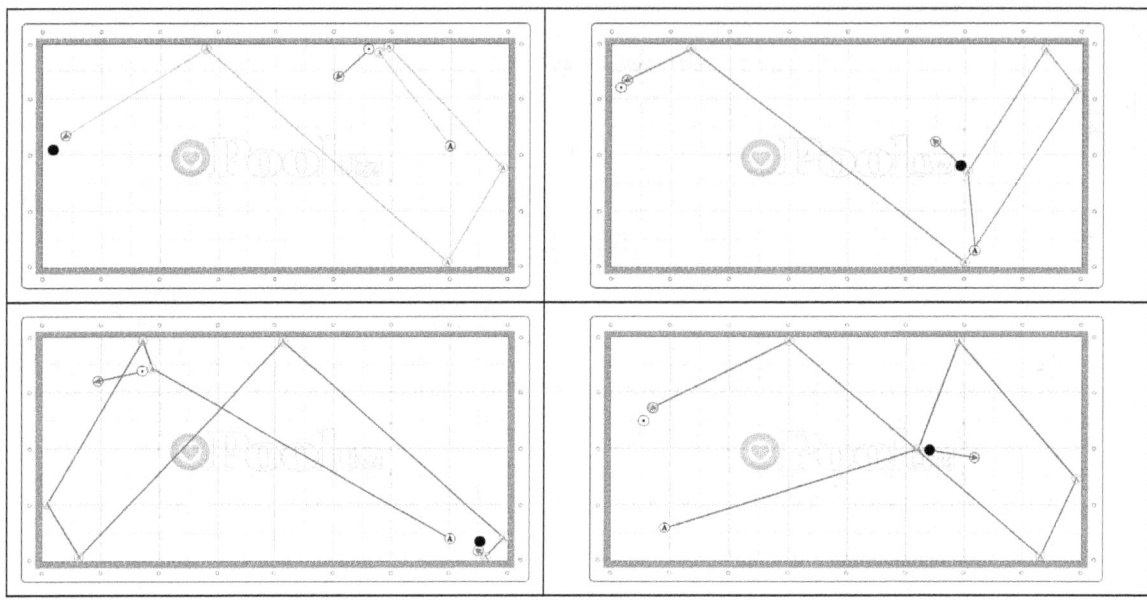

Analise:

F:3a. _____

F:3b. _____

F:3c. _____

F:3d. _____

F:3a – Opstelling

NOTAS VIR JOU IDEES:

Shot Patter

F:3b – Opstelling

NOTAS VIR JOU IDEES:

Tabelpatroon

F:3c – Opstelling

NOTAS VIR JOU IDEES:

Tabelpatroon

F:3d – Opstelling

NOTAS VIR JOU IDEES:

Tabelpatroon

www.ingramcontent.com/pod-product-compliance
Lightning Source LLC
Chambersburg PA
CBHW081236170426
43198CB00017B/2785